SENDAS DO HORIZONTE

Copyright do texto ©2016 Raimundo Gadelha
Copyright das ilustrações ©2016 Sérgio Gomes
Copyright da edição ©2016 Escrituras Editora

Todos os direitos desta edição cedidos à
Escrituras Editora e Distribuidora de Livros Ltda.
Rua Maestro Callia, 123 – Vila Mariana – São Paulo, SP – 04012-100
Tel.: (11) 5904-4499 | Fax.: (11) 5904-4495
www.escrituras.com.br
escrituras@escrituras.com.br

Coordenação editorial: Mariana Cardoso
Assistente editorial: Karen Suguira
Projeto gráfico e diagramação: Studio Horus
Capa e ilustrações: Sérgio Gomes
Versões: Luiz Gadelha (inglesa) e Michiyo Nakata (japonesa)
Shodô (caligrafia japonesa) das aberturas: Kaoru Ito
Impressão: Mundial Gráfica

Dados Internacionais de Catalogação na Publicação (CIP)
(Câmara Brasileira do Livro, SP, Brasil)

Gadelha, Raimundo
  Sendas do horizonte = Horizon's paths / Raimundo Gadelha; ilustrações Sérgio Gomes; versões Luiz Gadelha (inglesa), Michiyo Nakata (japonesa). – São Paulo: Escrituras Editora, 2016.

  Edição trilíngue: português/inglês/japonês.
  ISBN 978-85-7531-698-6

  1. Poesia brasileira 2. Tanka I. Gomes, Sérgio. II. Título. III. Título: Horizon's paths.

16-02811   CDD-869.1

Índices para catálogo sistemático:
1. Poesia tanka: Literatura brasileira   869.1

Impresso no Brasil
Printed in Brazil

RAIMUNDO GADELHA

SENDAS DO HORIZONTE

Horizon's Paths

地平線の小径(こみち)

Ilustrações
Sérgio Gomes

Versões
Luiz Gadelha (inglesa)
Michiyo Nakata (japonesa)

escrituras
São Paulo, 2016

Prefácio

O DESENHO DO INEFÁVEL
E OS *TANKAS* DE RAIMUNDO GADELHA

s janelas líricas dos *tankas* de Raimundo Gadelha, poeta, mestre do design gráfico, editor, lembram-me das janelas de cor de alguns quadros do saudoso pintor gaúcho Iberê Camargo, na forma súbita com que nos fascinam. As imagens rutilantes encadeiam-se em beleza, algumas diferindo de outras, mas todas se completando, como água na onda, a visão no empenho dos versos.

O que é admirável não é só a sua precisão, e sim a maneira com que os *tankas* são trabalhados, as imagens que se entreajudam num esforço coletivo, de equipe. Cada imagem se integra, límpida, numa roda de oscilação do universo. E a poesia vive dos pormenores, como adverte Voltaire.

Mas cada pormenor é espelho de sua própria magnitude. Nada se perde, tudo muda de sonho. Aliás, os *tankas* tomam outra dimensão; compõem todos, em sua ditosa escolha, parte de uma comunidade concisa e frutuosa. Tudo se junta na operação da unidade. Os temas variam, mas a alma do mundo é a mesma e identifica o poeta como historiador dos acontecidos instantes, numa habilidosa maquinaria dos símbolos, porque "a inteligência do artesão a serviço do fazer é uma forma de instinto", segundo Octavio Paz; e o instinto, o trânsito da razão que se desenha na realidade, e a realidade que absorve os fatos e os transforma.

 E o que não se pode esquecer: os *tankas* contam a história de suas imagens, como os livros de gravuras da infância. O olhar lírico, pictórico, pensador e visionário que armazena, na epiderme, o ritmo dos desenhos animados. Ou o olhar humano que sabe que a educação dos sonhos é a educação dos limites. Sob a retina verbal. Onde o engenho é montado para ser tempo interior e intenso, fora dos relógios e dos calendários.

 Assim, é sucessivo o desencadear dos *tankas*, desde o menino que avista a morte de uma estrela, até a morada do desejo, ou o sol que salta como um peixe, o ovo como nave do universo, ou as pipas com um velho triste arrebentando as linhas, ou o poeta que pesca em sonho uma constelação. Cito alguns momentos mágicos, e há tantos que se equilibram entre sabedoria e esplendor.

 Octavio Paz, já referido, suscita a diferença entre o *tanka* e o *haiku*, sendo o primeiro estruturado em cinco linhas e o segundo, em três. O primeiro é dança ou bailado e o segundo, mistério e contemplação.

 E para Basho, a poesia é o caminho de uma beatitude instantânea. Ou iluminação. Em Raimundo Gadelha, a iluminação contempla e a dança é objeto sonoro, a música, que não abandona os *tankas*, onde o pungente, o amoroso, o onírico se aprumam na harmonia, com "teclas e dentes", o ritmo e a fome com que se delineia o inefável. Até com certo humor. E o que se olha nos versos, toca; a paisagem entra pelos sentidos; os sentidos fluem, sofrendo. E é instaurada a alegria invencível de ver e de estar vivo.

    Comecei esse texto mencionando o grande Iberê Camargo. Encerro citando Sérgio Gomes que, com muito talento e inventiva sensibilidade, captou, em primorosas ilustrações, a essência dos *tankas* de Raimundo Gadelha.

Carlos Nejar
Escritor e membro da Academia Brasileira de Letras

É na entrega

que tudo se integra.

Encontrar é renascer.

Percurso
Journey
Junreki

Estrelas brilham
no cósmico carrossel
Sobe e desce...
O parque de diversões
a Deus apetece.

星座とは
回転木馬
あがりさがる…
神の食欲
そそる遊園地

*Stars shine
in the cosmic carousel
Going up and down...
The amusement park
keeps pleasing God.*

Seguir em frente,
quebrando bússolas,
queimando mapas...
Cartas de navegação?
Não. Só cartas de amor.

*To keep moving on,
breaking compasses,
burning maps...
Navigation charts?
No. Only love letters.*

前進！
羅針盤こわし
地図を焼き…
航海日誌？
いえ、ラブレター

No mar do sentir,
as palavras são peixes
Terno cardume
Sem ti, eu cá durmo...
Estranha falta de ar.

In the sea of feelings,
words are fish
A tender shoal
Without you, I submerge...
A strange breathlessness.

情の海で
さかなは言葉
君無しで
こちらで眠る
息苦しさよ

Se eu não posso
reinventar o mundo,
que seja outro
Apreendido serei
por tudo o que aprendi.

If I am unable
to reinvent the world,
let me be someone else then
I shall become another person
for all I have learned.

新世界
創れないなら
他の人に
学びしすべてを
伝えようもの

Ali na casa,
morada do desejo,
mais do que carne,
jardim conseguimos ser...
Almas mesclando cores.

There in that house,
desire's dwelling place,
more than flesh,
gardens we happen to be...
Souls merging colors.

欲望が
ひしめく家も
その庭に
さまざまな色の
こころ咲かせる

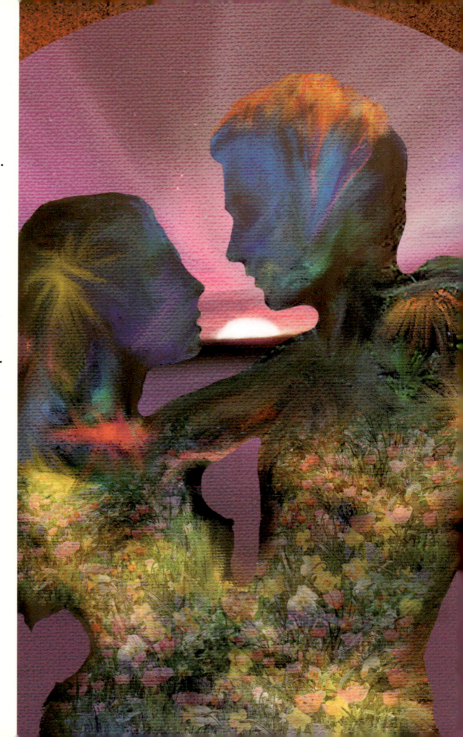

Batom vermelho
Lábios articulam
nova mentira...
Coração generoso,
finge que acredita.

Red lipstick
Lips articulate
a new lie...
The generous heart
pretends to believe.

赤いルージュ
動くくちびる
新しいうそ…
やさしい心が
耳を貸すふり

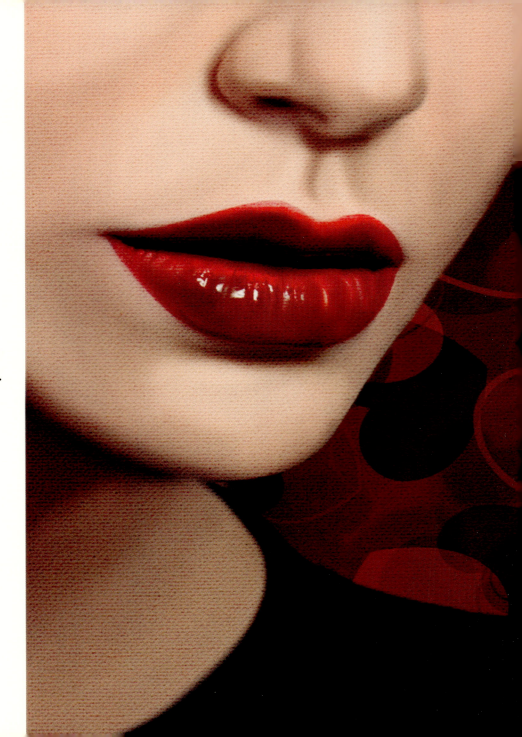

Deve ser amor
No jato, já tão longe,
sinto-te perto
Nas nuvens procuro
os rastros do teu rosto.

It must be love
In the jet, already so far away,
I feel you close to me
And in the clouds I search
for traces of your face.

機上にて
きみを感じる
愛であろう
雲間にさがす
きみの横顔

Mesmo bem antes
da hora da partida
sinto saudade
É o tempo forjando
aço, laços e amor.

*Even well before
the departure time
I feel that longing
It is time forging
steel, bonds and love.*

出発する
ずっと前から
サウダーデ
ときが鍛える
はがね、きずな、愛

Ter a leveza
do voo dos pássaros...
Por onde passar,
mesmo sem deixar rastros,
pra sempre ser lembrado.

*Having the lightness
of birds' flights...
Wherever one goes,
being always remembered,
even if no traces are left.*

いずこでも
軽やかにとぶ
鳥のように：
跡のこさずとも
思いはのこる

Sonhar uma casa
de todo diferente...
Não terá portas
E, de vidro o teto,
contemplarei estrelas.

*Dream of a house
different in all ways...
There will be no doors
And, through the glass roof,
I will contemplate the stars.*

夢の家は
みな違うのさ…
扉なく
星をながめる
屋根はガラスばり

Marquei teu corpo
Mas, nada aparente
Dele apenas fiz
a porta de entrada
para tocar tua alma.

I marked your body
Nothing apparent though
Just thought of making of it
the entrance door
to reach and touch your soul.

見えぬもの
身体に印し
たましいに
触れる入口に
しただけなのだ

Sempre fui pedra
Só água, nunca serei...
Sei o que tu és:
Risco, revés do óbvio
Nisso tudo aposto.

I've always been stone
Only water, I will never be...
I know what you are:
Risk, reverse of obviousness
I will bet on all of that.

いつも水に
なれない石だった…
君はリスク
安全の反対だ
だから賭けるのだ

Longe de casa,
saudade bate forte...
No restaurante
o cheiro da comida
leva-me à minha mãe.

*Away from home,
homesickness hits hard...
At the restaurant
the smell of food
takes me to my mother.*

遠くありて
満ちる望郷
レストランの
においが母を
運んでくる

Porta da frente
Liberdade no quintal
Tudo no túnel...
Guerras explodem na TV,
mundo mal sintonizado.

Front door
Freedom in the backyard
Everything in the tunnel...
Wars explode on TV,
such a poorly tuned world.

扉こそ
自由の庭に
向くトンネル…
テレビは戦争
調整不可能だ

Do silêncio
a saudade se fez
Eu ainda sou
refém da última vez
à espera do resgate.

From silence
longing took form
I continue to be
a hostage to the last time
while waiting for rescue.

静寂に
想起したのは
いまだ我
救済されぬ
人質なること

Portão de ferro,
correntes, cadeados...
Meu zeloso pai
pensava em proteção
Eu sonhava o salto.

An iron gate,
chains, padlocks...
My zealous father
worrying about protection
while I dreamed the jump.

鉄の門
くさり、錠前…
守ろうと
する父にわが
跳躍のぞんだ

Terra rachada
Gado de olhos tristes
Apito do trem...
O menino não contém
o desejo de partir.

Cracked dry land
Cattle with sad eyes
A train whistle...
The boy does not contain
the desire to leave.

土われて
牛のかなしい目
汽笛なり…
少年は夢を
捨てきれずいる

Não me sinto só
Mesmo na amargura,
mantenho a fé...
Estrelas cadentes
adoçam o meu café.

*I do not feel lonely
Even in sorrow,
I keep the faith...
Shooting stars
sweeten my coffee.*

苦悩も
信じさえすれば
苦くなく…
流れる星は
コーヒー甘くする

Portas fechadas,
janelas gradeadas...
Melhor nem entrar
Com sede de ser livre,
seguirei sem direção.

Closed doors,
grated windows...
Better not even go in
With my thirst for freedom,
I will keep going directionless.

閉じた扉
格子ある窓
逃げよう…
自由を選んで
四方に翔んだ

O medo maior
é da oca multidão
Terna solidão
que me deixa tão perto
dos seres que eu amo.

The greatest fear
is of the unreal crowd
Tender lonesomeness
that brings me so close
to the human beings I love.

おそれるは
孤独でうつろな
群衆だ
つらくよりそう
愛する人たちに

Tornar-se melhor
é ser para o outro
água e filtro
Com leveza, saber-se
forma e conteúdo.

*Becoming a better person
requires being to the other
water and filter
Knowing oneself, lightly
as being form and content.*

改善は
別人にする
水とフィルト
のようにすばやく
濾過くりかえす

Mulher, teu corpo,
despido e lânguido,
é Universo...
Mesmo nele imerso,
de todo não conheço.

*Woman, your body,
so undressed and languid,
is a Universe...
Though immersed in it,
don't know it entirely.*

女体は
偏見もたぬ
宇宙だ…
深く沈んでも
未知のままなる

É difícil crer
Perdidos os óculos,
vi sem os olhos
e, na cega multidão,
fui levado a eles.

*It's hard to believe
Having lost my eyeglasses,
I saw without eyes
and, in the blind crowd,
was taken back to them.*

信じがたい
めがね失くして
見えない
盲人の群れに
導かれたのだ

Sei, já é tarde
Mas eu quero que fiques
Ontem, estrelas
Logo contemplaremos
dourados raios de sol...

Yes, it's already late
But I'd like you to stay
Yesterday, stars
Soon we will contemplate
golden beams of sunlight...

遅すぎる
けれど居てほしい
昨日は星
輝く太陽を
じきに見れるのに…

Quando criança,
diante do presídio,
sempre ia pescar
Os detentos, atentos...
Escapou-me o peixe.

When I was a child,
I always went fishing,
in front of the penitentiary
The prisoners, attentive...
The fish broke loose from me.

少年期
刑務所の池で
釣りをした
囚人はみつめ
さかなは逃げた

É tão estranho...
Sem conhecer o corpo,
tocar a alma
Sonho com o tempo certo
de em seu templo entrar.

It is so strange...
Not to know the body,
and touch the soul
I dream of the right time
for entering your temple.

不可思議に…
身体とおさずに
こころ触れ
いつか入るべき
城を夢みる

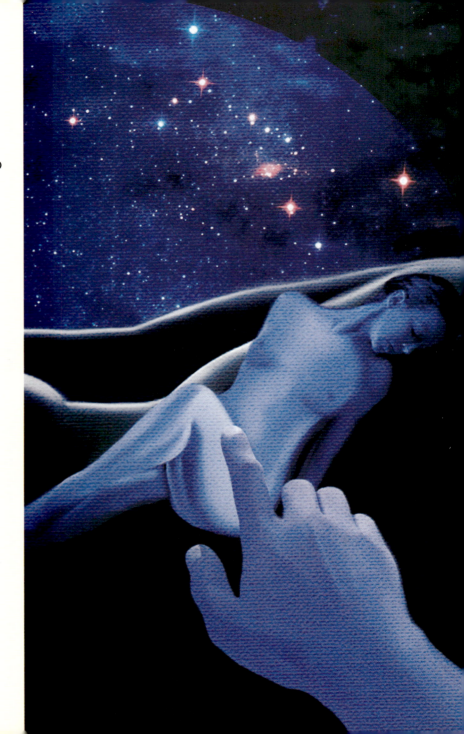

Tão terno sonho...
Do lago, mãos em concha,
cato estrelas
E, com brilho nos olhos,
feliz sacio tua sede.

Such a tender dream…
From the lake, cupped hands,
I collect stars
And, with shining eyes,
happy, I quench your thirst.

夢をみた…
湖水から掌で
星をすくう
瞳はかがやき
渇きは癒えた

Lendo um livro,
caí em um labirinto…
De lá retornei
com os olhos brilhando
e dois livros escritos.

*When reading a book,
I got into a labyrinth…
And returned from there
with shining eyes
and two books written.*

本を読み
迷路にはまった…
瞳きらきら
と戻りきては
本二冊書いた

Uma só estrela
e o poeta sonha
uma constelação...
Sofro mesmo com o sopro
do mais terno poema.

*Only a single star
and the poet envisions
a constellation...
I suffer even with the whisper
of the most tender poem.*

星ひとつに
詩人は星群
を夢見て
繊細な詩情が
息吹ふるわす

É divagando
que eu sigo devagar...
Escura senda
No cume da noite
brilha o vagalume.

It's by wandering
that I move on slowly...
A path with darkness
In the evening peak
shines the lightning bug.

ゆらゆらと
さまよい歩く…
真夜中の
暗い小径に
蛍がとびかう

Se longe estás,
viajo no lúdico...
Abro o vidro
do seu melhor perfume...
No olor te encontro.

*If you're far away,
I take a ludic trip...
Open the glass
of your best perfume...
And meet you in the aroma.*

旅ごっこ
遠くにいるなら
香水を
開けて君に
会うとしよう

Tenho nas mãos
o poder de desviver
Mas, também tenho
mil razões para seguir...
O amanhã é hoje.

I have in my hands
the power to cease living
But I also have
a thousand reasons to go on...
Tomorrow is today.

手のうちに
降参の権利
けれど前
向く理由もある
あしたは今日だ

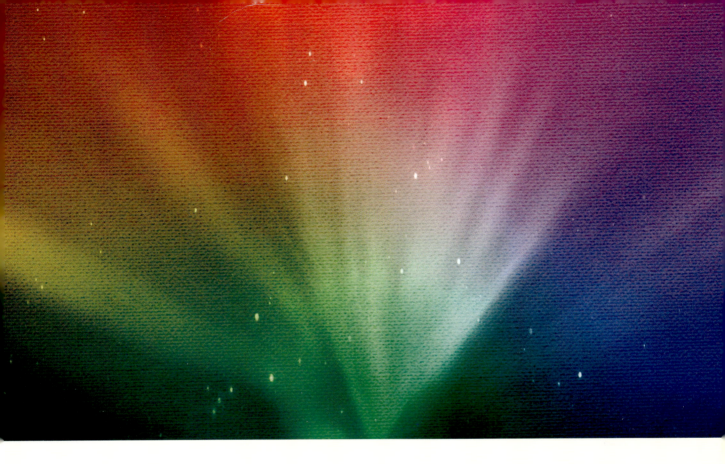

Todas as cores
eu tenho dentro de mim...
Pintor, nunca fui
Da vida tento colher
a palavra devida.

*All of the colors
I have inside myself...
Painter – have never been one
From life I try to glean
the given word.*

どの色も
わが裡にあり：
画家にあらねば
刈り入れには
言葉吟味する

Do arco-íris
ser fulgurante flecha
Céu, festa de cor...
Do pote nunca visto
bebo néctar de vida.

*To be the rainbow's
fulgurant closing arrow
The sky, a colorful festival…
From the never seen pot
I drink life's nectar.*

おまつりだ
きらめく虹が
天を占め
はじめてみる壺
の利き酒に酔う

Abro as portas,
após longa viagem,
de minha casa...
Em todos os cômodos,
lembrança de quem se foi.

*After a long trip,
I open the doors
of my house…
In all compartments,
memories of someone gone.*

長旅から
わが家のドア
を開ければ
家財のすべては
去ぬ人語る

Faço da vida
uma contínua festa...
Culpa, não sinto,
mas pressinto os deuses
olhando pela fresta.

I make of life
an everlasting party...
Without feeling guilty,
but I sense the gods
looking through the gaps.

人生は
不断のまつり…
咎ないが
すきまから神
のぞく予感あり

Toca o sino
Minha mãe, à igreja
Eu ia ao mundo...
Seres distintos imersos
em imenso amor.

The bells torn
Mom used to go to church
And I, to the world...
Different human beings
immersed in immense love.

鐘が鳴る
母は教会へ
わが世界へ
普遍的な
限りない愛

Nunca desistir
Com o buril da alma
lavrar a palavra...
Com calma esculpir
novos significados.

*Never give up
With the soul's chisel
cultivate words...
Quietly carving
new meanings.*

くじけまい
こころ凛々と
言葉ねり…
ゆっくり刻む
新しい意味

Porque vês em mim
não só um belo corpo,
as nossas almas,
tatuadas no tempo,
são eterna ternura.

*Because you see in me
not only a beautiful body,
our souls,
tattooed over time,
are eternal tenderness.*

平凡なわが身に何を
見たのだろう
時がたましいに
刻むやさしさか

Alguns amigos
dizem que estou louco
Pouco importa
Fecho janelas e portas...
Durmo com a poesia.

*Some of my friends
say that I am insane
It matters little
I close windows and doors...
Sleep with poetry.*

友はいう
わが狂いしかと
かまわない
窓も扉もしめ⋮
詩と眠るだけだ

Causou surpresa
ver a sombra do avião
presa ao chão
Saudade do tempo de ir,
sempre sem hora de vir.

It surprised me
to see the plane's shadow
motionless on the ground
I miss departure times,
always without return dates.

地に影を
おとす飛機に
おどろいた
なつかしい出立と
不確かな帰りに

Pertinências
Pertinences
Tekigou

O sol se esvai...
Do escuro das águas
salta o peixe
No brilho das escamas,
magia universal.

Sunshine vanishing...
From the dark water
a fish jumps
On the brilliant scales,
universal magic.

夕闇に
魚はねる暗い
水面の
うろこの光沢
魔術の世界

Ovo é nave,
pequeno Universo
Casca trincada,
o pássaro expõe o
milagre da criação.

The egg, like a spaceship,
a small Universe
The shell cracks,
the bird exposes
a miracle of creation.

卵は艇
小さな宇宙
ひびわれて
雛が飛び出す
生命の神秘

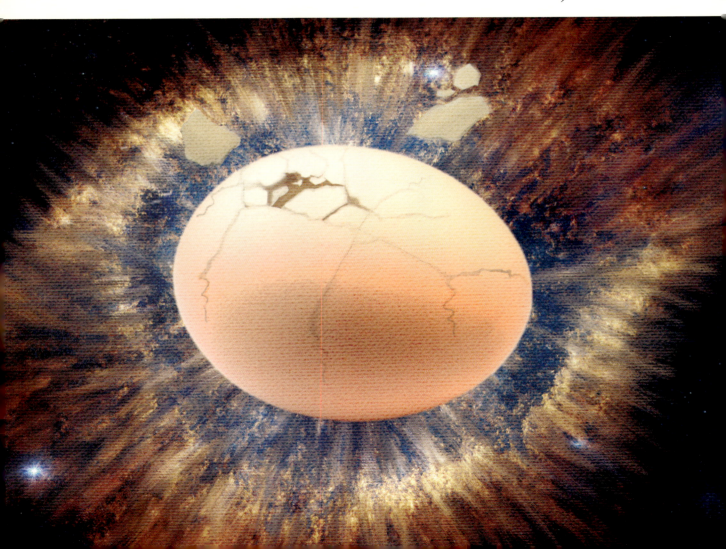

O descompasso
entre falar e fazer,
de onde advém?
Ser, Suprema criação,
defeito também tem.

*The disparity
between talking and doing,
where does it come from?
The human being, Supreme creation,
also has faults.*

はじめから
言葉と行為は
一致せず
創造主もまた
欠陥品を生む

Onde o leito
das palavras certas?
Decerto não há...
Então, deito e sonho
com o verbo entender.

*Is there a place
where the right words rest?
Certainly not...
So I lay and dream
with the verb understand.*

正しい言葉のしとねは
どこだろう…
だから横になり
「理解」の夢をみる

Terna comoção
O rímel, as lágrimas...
O brilho dos olhos,
espelho que revela
a verdadeira mulher.

Tender commotion
Make-up, tears...
The shining eyes,
a mirror that reveals
the true woman.

甘い思慕
涙のマスカラ
光る目が
鏡に見せる
女性の真実

Cartas antigas,
amor caligrafado...
No computador,
hoje, triste, digitei:
Saudade mora em mim.

*Old letters,
calligraphed love...
In the computer,
I sadly typed, today:
Longing dwells in me.*

古手紙の
筆跡は愛…
サウダーデと
パソコンに打った
今日は淋しい

Ávido, pegar
suculentas palavras...
Mastigar até
o sumo poético
escorrer pela boca.

*Eager to pick
succulent words...
And chew them up
until the poetic sap
drips from my mouth.*

渇望の
水みずしい言葉
かみくだく…
詩情のエキスが
こぼれ落ちるまで

Limites não há
no campo universal...
Os deuses jogam
com planetas, estrelas,
asteroides e homens!

*There are no limits
in the universal arena...
The gods keep playing
with planets, stars,
asteroids, and men!*

宇宙に
限界はなく
神々は
惑星、衛星
ゲームで遊ぶ

Tempos modernos
Somem verde e fios
Bela imagem
O incauto beija-flor
beija a tela do iPad.

Modern times
Green and wires disappear
Beautiful image
The unwary hummingbird
kisses the iPad's screen.

現代は
電線消えて
ハチドリが
軽く鮮明な
iPad.にキスする

Verde em volta,
o monge a meditar
Dourado templo...
Nos pés, o tênis Nike
completa a pintura.

Greenish surroundings,
a meditating monk
Golden temple...
A pair of Nike tennis shoes
completes the picture.

僧いのる
みどりに囲まれて
寺ひかり…
足のナイキが
絵を完成する

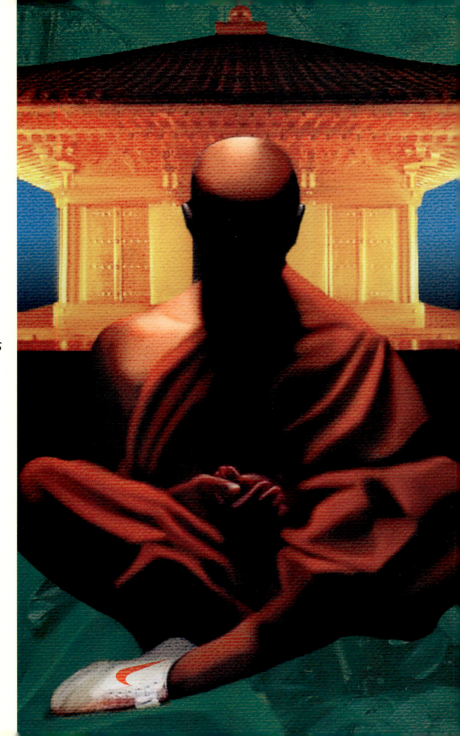

Rara lembrança,
lá em Guadalajara,
tive do sertão...
Cordel e repentistas
e os pássaros sem céu.

A rare remembrance,
I had in Guadalajara,
of my hinterland…
Cordel stories and poet-improvisers
and birds without a sky.

思い出はグアラダジャラと
セルトン…
即興詩人と
空のない小鳥

Esquecer tudo
e, livre dos vícios,
tornar-me puro...
Tudo só pelo prazer
de repetir pecados.

*Forget everything
and, free from vices,
become purified…
All just for the pleasure
of repeating sins.*

悪癖を忘れて開放
純になる…
またすべての罪を
くりかえすために

Belo e forte...
A frágil pomba da paz
faz o seu ninho
no meio dos destroços
de um tanque de guerra.

*Nice and strong...
The fragile peace dove
makes her nest
among the wreckage
of a military tank.*

美しい
平和のハトは
こわされた
戦車のなかに
巣つくりおり

Foi-se no tempo
um feixe de lembranças
Feito criança,
brinco, faço de conta
que nada se perdeu.

Gone with time
a collection of remembrances
Like a child,
I play and make believe
nothing has slipped away.

幼児期の
かすかな思い出
冗談に
失ったものは
何もないという

Viver submerso,
um sonho de menino...
No fundo, a paz
e, se não fosse demais,
também lua e estrelas.

To live submerged,
a longtime boy's dream…
In the bottom, peace
and, if it would not too much,
also the moon and stars.

幼い夢の
破れた人生…
安らかで
月と星があった
求めすぎだろうか

O mundo manca
Anda quase sem jeito…
Com mais ternura
e menos ternos temos
que alinhar o sonho.

The world limps
Moves awkwardly…
With more tenderness
and less suits, we have
to align the dream.

世界はいびつに偏る…
憐よりも
慈愛のこころで
世を整えよ

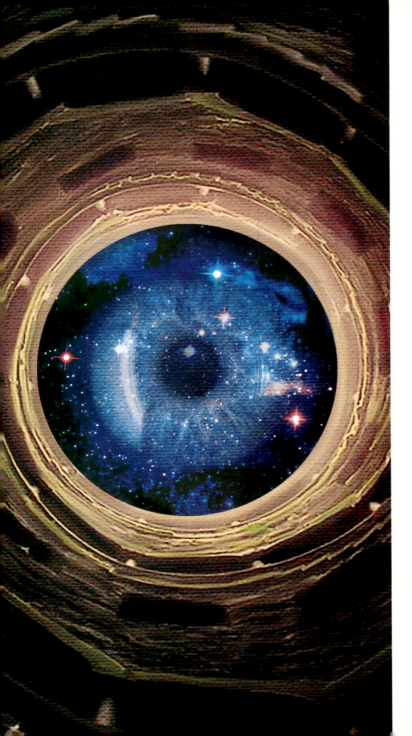

É preciso ver
além do aparente...
Do teto do céu,
estrelas refletidas
bem no fundo do poço.

*One needs to see
beyond appearances...
From the top of the sky,
stars get reflected
way down the bottom of the well.*

見えぬもの
見るべくして
天上の
星がかがやく
深い井戸のそこ

Cidade grande,
reduto de solidão...
É no deserto
que, com o silêncio,
consigo conversar.

*A large city,
stronghold of loneliness...
It is in the desert
that I manage to talk,
with silence.*

大都会は孤独のかくれ家…
砂漠でも静寂と対話
できるというのに

Pisar tão forte
até desgastar nuvens
Sonhar algodão,
por saber que o mundo
clama por homens doces.

To tread on so strongly
until clouds wear away
Dream of cotton-candy,
knowing that the world
cries out for sweet men.

夢にみた
綿菓子の世界
ふみにじり
甘きことばを
弄する人たちよ

Todas as letras
reescreveram tudo
Uma justa versão
Deus, depois da leitura,
não assinou embaixo.

With all the letters
everything was rewritten
A fair version
God, after his reading,
did not undersign it.

正しい
解釈さがし
書き直す
けれども神は
サインしなかった

Contemplar o céu,
a lua, as estrelas...
Bela pintura
que deixa tão perto
Criador e criatura.

*Gazing at the sky,
the moon, the stars...
Beautiful painting
that brings so close
Creator and creatures.*

眺むれば
月や星座など…
創造主と
創造物の
華麗な絵画

Estrelas no céu
reluzindo saudade
Lasca do tempo...
Um nome na árvore
o canivete talhou.

*Stars in the sky
sparking longings
Time fragment...
A name on the tree
carved by the jackknife.*

サウダーデ
星屑きらめき
よみがえる…
ナイフで幹に
刻んだ名前

Sede de vida
Seguir solvendo riscos...
O giz da alma
risca o tempo e diz:
Vivo para ser feliz!

The thirst for life
To keep on solving risks...
The soul's chalk
scribbles time, and says:
I live to be happy!

たましいは
リスク負いながら
渇望した
しあわせのための
ときを刻めと

Olhos opacos
e profunda tristeza
O tempo chegou
Meu irmão tenta sorrir...
Tenho saudade do ontem.

Opaque eyes
and profound sadness
Time has arrived
My brother tries to smile…
I long for yesterday.

無力な目
深い慟哭の
時がきた
兄が微笑んだ
昨日が恋しい

Vias que havia,
nas indiretas vias,
velados sinais...
De volta nada se traz,
só lembranças, nada mais.

*As you used to see,
in the indirect paths,
there were veiled signs...
Nothing may be brought back,
just memories, nothing more.*

閉ざされて
くねった道の
標識よ…
手ぶらの帰路は
思い出でばかり

Sob a luz do sol
o olhar da criança
causou espanto...
Não mais bolas de gude
Letais pedras de crack.

*Under sunlight
the child's look
was stunning...
No more marbles
Lethal crack rocks.*

子どもの目
陽がまぶしく
開けられず…
ビー玉代用の
クラッキのかけら

Apita o trem
trazendo, em meu sonho,
fortes lembranças...
Menino, pendurado
no vagão, sinto que voo.

*The train whistles
bringing to my dream,
strong memories of a boy...
Hanging from a train wagon
and feeling as if flying.*

汽笛なり
夢に思い出
よみがえる…
汽車にぶらさがり
飛んだ気になった

Melhor seria
ser rio sempre fluindo
Ao mar da vida,
pleno e terno, se dar,
amado e amante.

It would be better
to be a river, always flowing
To the sea of life,
give oneself fully and tenderly,
lover and loved one.

絶えまなく
流れる川になって
人生の海で
心静かに
愛し愛されたい

Roda, menino,
o pião de sete cores
Vejo teus olhos...
Neles o mundo gira
com a branca cor da paz.

*Go ahead, boy, spin,
that seven color top
I can see your eyes...
In which the world turns
with the white color of peace.*

七色の
コマまわす子の
瞳には
平和の色
白がまわる

Sentir-se água,
escorrendo límpida...
De forma igual,
ao preencher a concha
por ela retido ser.

*To feel like water,
flowing limpid…
In a uniform manner,
while filling up the shell
be retained by it.*

流れゆく
水は澄みきり…
同様に
掌に捕らわれて
また澄んでいる

Viver o novo
e com o sol renascer...
De nada adianta
garimpar outras cores
para pinturas prontas.

*To live the new
and be reborn with the sun...
There is no point
in panning other colors
for finished paintings.*

陽がのぼり
新しい日がくる
できあがった絵に
他の色さがし
何になろうか

Verde ao vento
O vasto canavial
veste o tempo...
No céu, num círculo só,
as aves lembram Van Gogh.

Green in the wind
The vast sugarcane plantation
dresses up time...
In the sky, in a single circle,
the birds resemble Van Gogh.

ケータイの
無言の画面を
つらく待つ
寝て、あしたは
手紙書くとしよう

Passagem
Passage
Tsuuka

Feito de nuvens,
o cavalo, sem sela,
voa no azul...
Meu corpo é a cela,
a cancela da alma.

*Made of clouds,
the horse, no saddle,
flies in the blue…
My body is the jail cell,
the gate to the soul.*

雲の馬
鞍もつけずに
青を飛ぶ…
わが身体は鞍
こころの錘り

Alma faminta,
louca, insaciável...
Varre o cosmos
e, sem medo do escuro,
devora estrelas.

*Starving soul,
mad, insatiable...
Scans the cosmos
and, unafraid of darkness,
devours stars.*

飢餓の心
充足知らず…
宇宙を掃き
闇をおそれず
星屑たべる

A alma se foi
Navio soçobrado,
ficou o corpo...
Estrelas iluminam
o caminho de volta.

*The soul has gone
The ship capsized,
the body remained…
Stars illuminate
the way back.*

船転覆
たましいは去り
体のこる
まばゆい星が
帰路示すかも

Já que morrerei,
que seja sem violência,
morte de amor...
Amar e amado ser
até ar não mais haver.

And since I will die,
that it be without violence,
a death from love…
Loving and being loved
until there is no more air.

どうせなら
愛を死にたい
静かに
愛し愛されて
息絶えるまで

O fluxo do rio
espelhado nos olhos...
Pressa já não há
O velho tem, sem pesar,
outono dentro de si.

*The river's flow
reflected in his eyes...
There is no hurry anymore
Unregretfully, the old man carries
autumn within himself.*

水流を
瞳に映して
もう急かぬ
老人は秋を
裡に抱いて
いる

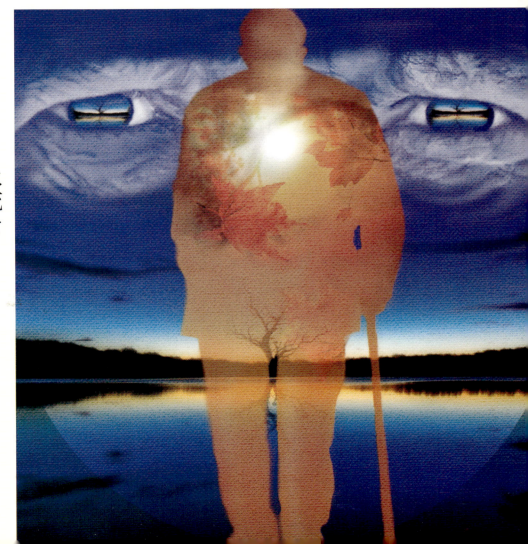

Por achar fácil,
quis engolir a lua
no espelho d'água...
Salta o peixe
bem no centro do nada.

Thinking it would be easy,
to swallow the moon
on the reflecting pool...
The fish jumped
right in the middle of nothing.

わけもなく
飲めるとおもった
水の月…
なかから不意に
魚が跳ねた

Alma e também
sentinela do corpo
Na travessia
a mais bela estrela
é sua última guia.

The soul and also
sentinel of the body
In the passage
the most beautiful star
is your last guide.

たましいは
身体の見張り
横断には
いちばん美しい
星のガイド

Lembro minha mãe...
Mesmo com olhos tristes,
sempre foi feliz
Ao temperar a comida,
dava gosto à vida.

I remember my mother...
Despite her sad eyes,
she was always happy
By spicing up the food,
she added taste to life.

母想う
しずかな瞳は
しあわせで
その味つけは
日々を美味にした

Na Casa Grande
sangra o entardecer...
De linho branco,
o terno do meu avô
Olhos, cor de tristeza.

*At the Casa Grande
comes nightfall...
Inside, my grandfather,
with his white linen fabric suit
and sadness-colored eyes.*

カーザグランデの
血染めの夕映え…
麻服の
祖父の目に
悲しみの色

Belo e mortal,
o tigre à espreita...
Surpresa não há
Só sangue de sua presa
na mesa universal.

*Graceful and deadly,
tiger on the lookout...
There is no surprise
Only the blood of its prey
on the universal table.*

命ある
獲物ねらう虎
はずれなく
血痕あふれる
世界の食卓

Saltaram alto
para pegar estrelas...
Pesca não houve
Foi de encantamento
que morreram os peixes.

*They jumped way up high
expecting to catch stars...
There was no fishing
It was of enchantment
that the fish died.*

星釣ろうと
とんだ魚は
星空に
感嘆しながら
死んでしまった

O verbo fugiu,
profundo vazio...
Tocado sou
por meu falecido pai
E o poema se fez.

My verb slipped away,
deep sudden emptiness…
I feel touched
by my late father
And the poem came to life.

言葉にげ
底なしの虚ろ…
逝った父
偲んでいると
詩篇ができた

Só resistir
se indispensável for
Sob forte vento,
o bambuzal oscila
com graça e leveza.

*One should only resist
when indispensable
Under furious wind,
the bamboo plantation swings
with graceful lightness.*

耐えぬけ
必要ならば
嵐でも
竹がしなって
やり過ごすように

Sem ver saída,
ele decidiu pintar
seu próprio céu...
Entrou no denso azul
e lá pra sempre ficou.

Not seeing a way out,
he decided to paint
his own sky...
Got into the dense blue
and stayed there forever.

出口なく
かれは自分の
空をぬった…
紺碧のなかに
居すわったのだ

Louco e feliz,
quis quebrar relógios...
Com os ponteiros
achava ser possível
remendar o passado.

*Mad and happy,
he decided to break clocks...
And with the clock hands
thought it would be possible
to mend the past.*

しあわせな
狂い人時計
こわした：
その針で過去を
繕うために

Sinto-me gado,
tocado pelo destino
Que haja, então,
água e pasto verde
até a morte chegar.

*I feel like cattle,
driven by destiny
Let there be, then,
water and green grass
until death arrives.*

運命に
導かれた
牛ならば
水と牧草が
死ぬまでであろうに

Louco, atirou
suas palavras às nuvens...
Veio a chuva
para, no tempo certo,
ele colher poesia.

*The madman threw
his words into the clouds...
Then came the rain
for him, at the right time,
to harvest poetry.*

狂い人
ことば抛りあげ
雨がきた…
うまく留まれば
詩片うまれる

Lá, no poente,
descansa o poema...
Lamento não há
Voltará, na aurora,
mais belo e intenso.

*There, in the west,
the poem rests...
No lament, so far
It will return, at dawn,
more beautiful and intense.*

落日に詩は休息す…
嘆くまい
ちから蓄えて
暁にもどる

Quis saber muito
No dicionário
ele mergulhou...
De lá nunca mais saiu
Garantem as palavras.

*Wanting to know much
right into the lexicon
he dove for wisdom...
Never returning from there
So assure the words.*

どんよくに
辞書の世界に
もぐりこみ：
語にからめられ
出られなくなった

Louco, rasgava
velhas fotografias...
Em seus pedaços
perdia-se tentando
reconstruir sua vida.

*A madman was tearing
old photographs apart...
With the photo pieces
he kept getting lost
trying to rebuild his life.*

古写真
やぶった狂い人…
失った
断片つなぎ
やり直そうとした

Sinto na alma
toda a dor do mundo
O velho corpo,
sucumbindo ao tempo
E em tudo, há pesar.

I feel in my soul
all of the pain in the world
My old body now,
succumbing to time
There is sorrow in everything.

たましいは
世界の痛みを
老躯でうけ
時にうちふし
吟味している

Pássaros passam
em voo sobre o lago
Envolto eu vou...
Homem, passo a pássaro,
aprendendo a voar.

*Birds passing by
flying over the lake
Involved, I interact...
Man, in step with birds,
learning how to fly.*

湖面とぶ
鳥につられて
ともにいく
人も鳥になり
飛翔まなぶのだ

Apago a luz
e, no denso escuro,
penso orações...
Sono profundo, sonho
com o esplendor do sol.

*I turn off the light
and in dense darkness,
think of prayers...
In deep sleep, I dream
with the splendor of the sun.*

電気消し
濃い闇の中で
祈るなり…
深い眠りと
太陽の輝きを

O pobre louco
enche e esvazia
sacos de lixo...
Acho, busca sua vida,
perdida em algum lugar.

The poor madman
fills and empties
garbage bags...
I think, looking for his life,
lost somewhere.

狂い人は
袋につめたり
出したり…
どこかで失った
人生さがしてる

Na sede de ser
um belo arco-íris,
a branca ave
bebeu todas as cores
do minguante pôr do sol.

*In the thirst to be
a beautiful rainbow,
the white bird
drank all the colors
of the declining sunset.*

虹になり
たい白い鳥
夕映えの
下弦の月を
まるごと呑んだ

Os nossos sonhos
são selvagens alazões...
Cansados do chão,
arrebentam cancelas
e vão galopar nuvens.

*Our precious dreams
are wild sorrel horses...
Tired of the ground,
they break down barred gates
and go gallop clouds.*

われらが夢
地上につかれた
野生馬…
柵跳びこえ
雲に駆け上る

Meu saudoso pai
não conseguia dizer
que me amava...
Fingia ríspido ser
Eu fingia acreditar.

My much-missed father
could never say
that he loved me...
He pretended to be harsh
I pretended to believe.

亡き父は
愛していると
いえなくて…
粗野にふるまい
信じるふりをした

Meu pai sempre foi
instigante esfinge
Vivo, mal me via
Morto, sempre ressurge
quando dele preciso.

*My father was always
an instigating sphinx
Alive, barely saw me
Dead, always resurges
when I need him.*

父見張り
生前は会うのも
嫌だった
死後は望めば
いつも顕れる

Casa Grande
Sob forte tempestade,
o menino treme...
Com raios nas paredes,
fotos viram fantasmas.

*Casa Grande, the farmhouse
Under a heavy storm,
the boy trembles...
With lightning on the walls,
photos turn into ghosts.*

カーザグランデ
嵐に子ふるえ
いなづまが
壁の写真を
幽霊にする

Desde criança
adorava nuvens
Hoje, já velho,
nelas ainda busca
o semblante do seu pai.

Since childhood
he always loved clouds
Today, already old,
he still seeks in them
his father's countenance.

幼児から
雲が好きだった
老いた今日
亡父の面影
雲間にさがす

O jovem morto,
presa foi de sua moto
Olho estrelas
Da efêmera vida,
quero brilho intenso.

The dead youngster,
a prey of his motorbike
I look at stars
From this ephemeral life,
I want intense brightness.

バイク下で
死せる若者よ
星に思う
はかない命だ
強く輝こう

Se nossos atos
não valem ser lembrados,
caia o pano...
Esse palco carece
de grandes atores.

*In case our acts
are not worth remembering,
that the curtain be dropped...
This stage is in need of
really great actors.*

思い出が
価値ないならば
幕おろせ
この舞台には
役者が不足

Desenha no céu
triste trajetória
Olhos úmidos,
o menino contempla
a morte da estrela.

*Drawn in the sky
a sad trajectory
With moist eyes,
a boy contemplates
the death of a star.*

空に描く
つらいみちのり
なみだ目で
子どもは死んだ
星を数える

Se, plenamente,
não estive, retornar
será possível?
No céu, pássaros migram...
Muitos nunca voltarão.

If I was not there,
wholly, will returning
be possible?
Birds migrate in the sky...
Many will never come back.

帰れるか
錦着ずとも
帰らざる
渡り鳥また
数多くして

Os seres se vão
Somem nos vagos desvãos
de cada hora...
O tempo nos impõe
dolorido vazio.

Beings pass away
They disappear in the empty garrets
of each hour...
Time imposes us
a painful emptiness.

人はゆく
それぞれの時間を
もつ棲家に
痛ましい空虚を
共有するために

Pipas no céu,
bailado de cores
Do velho triste,
arrebenta a linha...
Alma rumo ao azul.

Kites in the sky,
a colorful ballet
The sad old man,
his timeline breaks off...
Soul towards the blue.

凧が舞う
色さまざまに
長老の
タコ糸切れて
こころ青空へ

Impresso em São Paulo, SP, em maio de 2016,
com miolo em couché fosco 150 g/m²,
nas oficinas da Mundial Gráfica.
Composto em Avenir Next Regular, corpo 14 pt.

Não encontrando esta obra em livrarias,
solicite-a diretamente à editora.

Escrituras Editora e Distribuidora de Livros Ltda.
Rua Maestro Callia, 123 – Vila Mariana
São Paulo, SP – 04012-100
Tel.: (11) 5904-4499 – Fax: (11) 5904-4495
escrituras@escrituras.com.br
vendas@escrituras.com.br
imprensa@escrituras.com.br
www.escrituras.com.br